Klaus-Jürgen Wittig

Naxos

Bilder
von den Kykladen
Griechenland

Bibliografische Information der Deutschen Nationalbibliothek
Die Deutsche Nationalbibliothek verzeichnet diese Publikation in der Deutschen
Nationalbibliografie; detaillierte bibliografische Daten sind im Internet über
www. dnb.d-nb.de abrufbar.

Impressum:
Alle Rechte vorbehalten
© 2014 Klaus-Jürgen Wittig Berlin; www.kjwittig.de
Herstellung und Verlag: BoD - Books on Demand, Norderstedt
ISBN 978-3-7357-4242-1

Memo
Kalender
2015

Myli I Naxos 2014, 30x40cm

Dezember/Januar

Mo	22	Winteranfang	52
Di	23		
Mi	24	Hl. Abend	
Do	25	1. Weihnachtstag	
Fr	26	2. Weihnachtstag	
Sa	27		
So	28		
Mo	29		1
Di	30		
Mi	31	Silvester	
Do	1	Neujahr	
Fr	2		
Sa	3		
So	4		

Kastraki IV Naxos 2014, 30x40cm

Januar

Mo	5		2
Di	6	Hl. Drei Könige	
Mi	7		
Do	8		
Fr	9		
Sa	10		
So	11		
Mo	12		3
Di	13		
Mi	14		
Do	15		
Fr	16		
Sa	17		
So	18		

Tempeltor I Naxos 2014, 30x40cm

Januar/Februar

Mo	19	4
Di	20	
Mi	21	
Do	22	
Fr	23	
Sa	24	
So	25	
Mo	26	5
Di	27	
Mi	28	
Do	29	
Fr	30	
Sa	31	
So	1	

Kastraki VIII Naxos, 30x40cm

Februar

Mo	2	Mariä Lichtmess	6
Di	3		
Mi	4		
Do	5		
Fr	6		
Sa	7		
So	8		
Mo	9		7
Di	10		
Mi	11		
Do	12		
Fr	13		
Sa	14	Valentinstag	
So	15		

Bei Naxos II 2013, 36x48cm

Februar/März

Mo	16	Rosenmontag	8
Di	17	Fastnacht	
Mi	18	Aschermittwoch	
Do	19		
Fr	20		
Sa	21		
So	22		
Mo	23		9
Di	24		
Mi	25		
Do	26		
Fr	27		
Sa	28		
So	1		

Kastraki X Naxos 2014, 30x40cm

März

Mo	2		10
Di	3		
Mi	4		
Do	5		
Fr	6		
Sa	7		
So	8	Weltfrauentag	
Mo	9		11
Di	10		
Mi	11		
Do	12		
Fr	13		
Sa	14		
So	15		

Tempeltor III Naxos 2014, 30x40cm

März

Mo	16		12
Di	17		
Mi	18		
Do	19		
Fr	20	Frühlingsanfang	
Sa	21		
So	22		
Mo	23		13
Di	24		
Mi	25		
Do	26		
Fr	27		
Sa	28		
So	29		

Kykladen III 2014, 30x40cm

März/April

Mo	30		14
Di	31		
Mi	1		
Do	2	Gründonnerstag	
Fr	3	Karfreitag	
Sa	4		
So	5	Ostersonntag	
Mo	6	Ostermontag	15
Di	7		
Mi	8		
Do	9		
Fr	10		
Sa	11		
So	12		

Kastraki II Naxos 2014, 30x40cm

April

Mo	13	16
Di	14	
Mi	15	
Do	16	
Fr	17	
Sa	18	
So	19	
Mo	20	17
Di	21	
Mi	22	
Do	23	
Fr	24	
Sa	25	
So	26	

Mykonos III 2014, 30x40cm

April/Mai

Mo	27		18
Di	28		
Mi	29		
Do	30		
Fr	1	Maifeiertag	
Sa	2		
So	3		
Mo	4		19
Di	5		
Mi	6		
Do	7		
Fr	8		
Sa	9		
So	10	Muttertag	

Apollonas I Naxos 2014, 30x40cm

Mai

Mo	11		20
Di	12		
Mi	13		
Do	14	Christi Himmelfahrt	
Fr	15		
Sa	16		
So	17		
Mo	18		21
Di	19		
Mi	20		
Do	21		
Fr	22		
Sa	23		
So	24	Pfingstsonntag	

Mykonos I 2014, 30x40cm

Mai/Juni

Mo	25	Pfingstmontag	22
Di	26		
Mi	27		
Do	28		
Fr	29		
Sa	30		
So	31		
Mo	1		23
Di	2		
Mi	3		
Do	4	Fronleichnam	
Fr	5		
Sa	6		
So	7		

Myli III Naxos 2014, 30x40cm

Juni

Mo	8	24
Di	9	
Mi	10	
Do	11	
Fr	12	
Sa	13	
So	14	
Mo	15	25
Di	16	
Mi	17	
Do	18	
Fr	19	
Sa	20	
So	21	Sommeranfang

Kastraki XI Naxos 2014, 36x48cm

Juni/Juli

Mo	22	26
Di	23	
Mi	24	
Do	25	
Fr	26	
Sa	27	
So	28	
Mo	29	27
Di	30	
Mi	1	
Do	2	
Fr	3	
Sa	4	
So	5	

Aspirandos I Naxos 2014, 30x40cm

Juli

Mo	6	28
Di	7	
Mi	8	
Do	9	
Fr	10	
Sa	11	
So	12	
Mo	13	29
Di	14	
Mi	15	
Do	16	
Fr	17	
Sa	18	
So	19	

Athen 2014, 3x48cm

Juli/August

Mo	20	30
Di	21	
Mi	22	
Do	23	
Fr	24	
Sa	25	
So	26	
Mo	27	31
Di	28	
Mi	29	
Do	30	
Fr	31	
Sa	1	
So	2	

Kastraki VII Naxos 2014, 36x48cm

August

Mo	3	32
Di	4	
Mi	5	
Do	6	
Fr	7	
Sa	8	
So	9	
Mo	10	33
Di	11	
Mi	12	
Do	13	
Fr	14	
Sa	15	Mariä Himmelfahrt
So	16	

Aspirandos II Naxos 2014, 30x40cm

August

Mo	17	34
Di	18	
Mi	19	
Do	20	
Fr	21	
Sa	22	
So	23	
Mo	24	35
Di	25	
Mi	26	
Do	27	
Fr	28	
Sa	29	
So	30	

Kastraki I Naxos 2014, 30x40cm

September

Mo	31	36
Di	1	
Mi	2	
Do	3	
Fr	4	
Sa	5	
So	6	
Mo	7	37
Di	8	
Mi	9	
Do	10	
Fr	11	
Sa	12	
So	13	

Mykonos IV 2014, 36x48cm

September

Mo	14		38
Di	15		
Mi	16		
Do	17		
Fr	18		
Sa	19		
So	20		
Mo	21		39
Di	22		
Mi	23	Herbstanfang	
Do	24		
Fr	25		
Sa	26		
So	27		

Kastraki XIII Naxos 2014, 30x40cm

September/Oktober

Mo	28		40
Di	29		
Mi	30		
Do	1		
Fr	2		
Sa	3	Tag der Deutschen Einheit	
So	4		
Mo	5		41
Di	6		
Mi	7		
Do	8		
Fr	9		
Sa	10		
So	11		

Tempeltor VI Naxos 2014, 36x48cm

Oktober

Mo	12	42
Di	13	
Mi	14	
Do	15	
Fr	16	
Sa	17	
So	18	
Mo	19	43
Di	20	
Mi	21	
Do	22	
Fr	23	
Sa	24	
So	25	Ende der Sommerzeit

Mykonos II 2014, 30x40cm

Oktober/November

Mo	26		44
Di	27		
Mi	28		
Do	29		
Fr	30		
Sa	31	Reformationstag	
So	1	Allerheiligen	
Mo	2		45
Di	3		
Mi	4		
Do	5		
Fr	6		
Sa	7		
So	8		

Myli VI Naxos 2014, 30x40cm

November

Mo	9		46
Di	10		
Mi	11		
Do	12		
Fr	13		
Sa	14		
So	15		
Mo	16		47
Di	17		
Mi	18	Buß- und Bettag	
Do	19		
Fr	20		
Sa	21		
So	22		

Kastraki V Naxos 2014, 30x40cm

November/Dezember

Mo	23		48
Di	24		
Mi	25		
Do	26		
Fr	27		
Sa	28		
So	29	1. Advent	
Mo	30		49
Di	1		
Mi	2		
Do	3		
Fr	4		
Sa	5		
So	6	2. Advent Nikolaus	

Myli II Naxos 2014, 30x40cm

Dezember

Mo	7		50
Di	8		
Mi	9		
Do	10		
Fr	11		
Sa	12		
So	13	3. Advent	
Mo	14		51
Di	15		
Mi	16		
Do	17		
Fr	18		
Sa	19		
So	20	4. Advent	

Mykonos V 2014, 30x40cm

Dezember/Januar 2016

Mo	21		52
Di	22		
Mi	23		
Do	24	HI. Abend	
Fr	25	1. Weihnachtstag	
Sa	26	2. Weihnachtstag	
So	27		
Mo	28		1
Di	29		
Mi	30		
Do	31	Silvester	
Fr	1	Neujahr	
Sa	2		
So	3		

Delos II 2014, 36x48cm

Tempeltor Naxos

 Klaus-Jürgen Wittig
Geb. 1938 in Berlin. Aufgewachsen in Sachsen. Nach Jahren der Wanderschaft wieder an seinem Geburtsort angekommen.
Studium Technik Karl-Marx-Stadt, Design Paris, Wirtschaft Bad Harzburg.
Ausstellungen im In- und Ausland. Malunterricht bei div. Malern.
Studienfahrten in die Mittelmeerländer, seit jüngster Zeit auch darüber hinaus.